NOTICE
DE M. TOURNIÉ

(PIERRE-CAPRAIS)

CHANOINE HONORAIRE, EX-SUPÉRIEUR DU PETIT-SÉMINAIRE

PAR SON ANCIEN COLLABORATEUR ET AMI

DELRIEU, Chanoine

SE VEND 50 c.

AU PROFIT INTÉGRAL DES PETITES-SŒURS DES PAUVRES

Aumône d'Amis et d'Élèves

A l'honneur et à l'intention de cette mémoire vénérée

EN VENTE CHEZ M. ROCHE, LIBRAIRE

RUE PORTE-NEUVE, A AGEN

1880

Agen, Imprimerie Fernand Lamy

NOTICE DE M. TOURNIÉ

(PIERRE-CAPRAIS),

NÉ A AGEN

SUR LA PAROISSE St-CAPRAIS, LE 20 OCTOBRE 1795, A 8 HEURES DU SOIR,

Mort le 1er Août 1879.

M. Tournié, chanoine honoraire, ex-supérieur du Petit-Séminaire (1848-1860), était né à Agen, rue Molinier, au Poids de la ville, dans la maison paternelle, reconstruite et habitée aujourd'hui par un boulanger. Elle ouvrait aussi au nord sur les jardins qui aboutissent à la rue Saint-Jolifort. Ce quartier lui était demeuré cher : et dans sa quatre-vingtième année, il y a à peine cinq ans, quand il venait encore célébrer la fête de saint Pierre et de saint Jean, chez un vieux chanoine, place Caillives, n° 3, l'ancien collègue de ses travaux scolaires et de sa sollicitude dans la durée de la supériorité, le vieil enfant du quartier rajeuni, du jardin, où lorsque ses mouvements lui permettaient d'arriver à la galerie, le vieillard retrouvait ses souvenirs aimés de l'enfance, donnait les noms des anciens habitants de Cajar, des maisons voisines, et s'arrêtait avec quelque attendrissement aux ouvertures, aux étages de la maison qui fut la sienne.

Des voisins de son âge vivaient encore dans le quartier. L'affection naïve de leurs premières années s'était changée en respect chrétien et cordial. M**me** Berthoumieux, M**me** Trémoulet nous disaient combien le petit Caprais était aimé et recherché des enfants de toutes les familles dont sa mère était la modiste habile. « Elle était si bonne, sa mère ! Lorsque notre petit ami arrivait plus tard de l'école ou de la pension, chargé de louanges, de couronnes et de prix, nous accourions toujours pour le féliciter et complimenter la mère. »

Encore cette année 1879, cette vieille amie, aveugle, lui envoyait sa carte, lui annonçant, à sa réception, le vin d'Espagne qui lui avait fait tant de bien les autres années.

C'était surtout de sa grand'mère qu'il aimait à nous entretenir. Il lui devait la première piété et l'éducation de son enfance ; elle l'avait toujours avec elle, le conduisant aux offices dans les chapelles cachées, et lui parlait du chapitre de Saint-Caprais : elle avait été gouvernante chez le prieur : « Si tu es prêtre, tu ne diras jamais la messe au grand autel, réservé aux seuls chanoines, » lui disait-elle.

Elève gratuit de la pension très florissante de M. Boë, M. Tournié, dans toutes ses classes, se distingua dans chaque faculté entre les lauréats du collège. Tous les ans, l'élite des plus brillants sujets, à la veille des examens, allait porter l'invitation du principal avec le programme à M. le chanoine Darguil qui se faisait un bonheur d'aller faire partie du bureau d'examen. C'est dans ces visites chez le savant chanoine, dans cette vaste bibliothèque, que M. Tournié prit la passion des beaux livres.

M. Gardelle, cet ardent pourvoyeur de vocations ecclésiastiques, sollicita souvent un sujet si précieux et lui offrit entretien et pension : M. Tournié n'accepta pas. La reconnaissance le liait à M. Boë qui le destinait à son remplacement, et l'envoya suivre les cours publics à Paris, où il remplit largement les exigences de ce maitre absolu.

Bachelier, il fut questionné à fond pour la licence, parce qu'on savait qu'il était destiné à continuer une pension importante. Répétiteur ou plutôt précepteur des fils de M. Jullian dont il assura les succès au lycée Charlemagne, il a conservé avec eux et avec la famille les plus honorables relations. Collaborateur du célèbre Gail, le restaurateur des lettres grecques en France, il l'aida à collationner et à éditer son Théocrite, son Thucydide, son Hérodote, et il en reçut un exemplaire.

Les étudiants d'alors étaient sérieux et appliqués. Ils arrivaient à la Sorbonne avant le cours, ayant préparé en leur particulier de longues pages en prose et en vers grecs ou latins. Ils se les expliquaient et il leur est arrivé, à l'aide de la connaissance des racines grecques, de prolonger des textes inexplorés d'avance.

Souvent, lorsque le professeur Gail n'arrivait pas, ses émules forçaient M. Tournié à occuper la chaire et à développer la leçon annoncée.

M. Gail était flatté d'avoir formé de tels auditeurs, surtout M. Tournié, car lorsque les neveux de M. Labrunie, MM. Mouchès allèrent suivre leur cours à Paris, une lettre de M. Tournié leur suffit pour que M. Gail fût leur correspondant officieux, leur ménageât les sorties et les autres soins d'un parent dévoué.

M. Boë partait pour Naples après avoir installé M. Tournié son successeur. Le soin des études l'occupa peut-être moins que la discipline et les bonnes mœurs : il lui est arrivé de passer des heures au chevet d'élèves compromis par des habitudes funestes, de les endormir et de les sauver du dépérissement de leur santé. Il donnait des leçons fort recherchées dans quelques maisons et édifiait par sa conduite toute la paroisse de Saint-Hilaire.

Au moment où la Révolution de Juillet incendiait l'archevêché de Paris et profanait cette ville par des processions sacrilèges de portefaix revêtus des ornements du culte et menaçait la religion de toute la France, M. Tournié quittait sa pension et entrait au Petit-Séminaire. Sans lui avoir parlé, nous savions qui il était. Nous l'avions aperçu laïque arriver chez son ami, M. Souèges, ou allant se confesser à M. Tailhié, derrière le paravent, à l'étude, attendant son tour au milieu des élèves : cette pratique de toutes les semaines était assez parlante.

M. Tournié suivit quelques jours la classe de philosophie pour s'initier au latin scolaire, suivit les cours de théologie, en rédigea chaque leçon et en conserva les cahiers.

Il était en entrant ce qu'il fut toujours, doux, bon, modeste, s'effaçant partout, et on l'aurait pris pour ce qu'il ne fut jamais.

Il professa la cinquième, fut malade, surveilla l'étude : et enfin, son chandelier se dressa et on l'y fit monter.

Il professa les mathématiques et l'histoire naturelle, commença avec cinq francs ce cabinet qu'il laissa si riche, édita un abrégé des leçons d'histoire naturelle de M. Bartayrès, après s'être formé lui-même aux compositions chimiques avec un laboratoire improvisé, et fournit et imprima un petit traité d'archéologie. Pendant deux saisons, dans les Pyrénées, nous l'avons vu, suivi quelquefois, courir les journées entières sur les traces d'un collecteur habile, explorateur de toutes les cachettes riches en tous genres : sur les pics, dans les anfractuosités, les trous, les chaos, schistes, granits, etc., etc., envoyer des caisses pleines d'échantillons étiquetés, annotés avec la patience et la délicatesse qu'il mit toujours en toutes choses : deux mille francs ne les auraient pas achetés dans les magasins spéciaux. Il classa le cabinet, la bibliothèque, la voulut complète, et fit venir à ses frais, dans les derniers temps, tous les auteurs de basse latinité ou *grécité* qui pouvaient manquer.

Depuis 1843, M. Tournié s'est livré jusqu'à la plus extrême extinction de ses forces physiques à la recherche la plus vive, et avec une persévérance qui lui est personnelle, de tout ce qui concerne l'histoire d'Agen et de son Eglise. Il a transcrit tous les documents inédits des anciennes archives de l'évêché, de la préfecture, de la commune, les opuscules des Argenton, des Labrunie, des frères Elie, etc., etc., et de tant d'autres. Il en a composé un recueil, composé de notes et de connaissances qu'il s'était acquises de lui-même (magnifique et précieux travail qu'a longtemps exploité M. Barrère), et qu'il a laissé avec d'autres riches legs à la bibliothèque du Petit-Séminaire. Un autre précieux recueil, Benjamin de ses dernières années, c'est l'histoire de la fondation, de la correspondance du couvent de la Visitation, aujourd'hui Petit-Séminaire : plan, écusson, manuscrit, tout est prêt avec sa préface. Mme la comtesse de Raymond a secondé cet homme de labeurs utiles. Laborieuse elle-même, elle lui a dessiné et procuré bien des richesses. M. Hébrard, chanoine, demeure élu par M. Tournié pour faire cette rédaction complète.

M. Tournié, professeur, avait dans chaque faculté, mathématiques, grec, latin, poésie, histoire naturelle, géologie, archéologie, une méthode simple, savante, lucide.

Successeur de M. Souèges (1848), il fut supérieur, d'une entente cordiale avec ses collaborateurs, comme il l'avait été sous ses trois prédécesseurs. Il chercha de tout son pouvoir à remettre la communauté dans l'esprit, la discipline qu'il avait vus sous M. Tailhié, dont il avait tenu la comptabilité officielle. M. Tournié mena à bonne fin un projet poursuivi depuis 1838, l'acquisition des jardins de M. de La Roque. Il fit les jardins, les décharges, la salle d'étude, etc., et ce qui ne sera jamais assez apprécié au point de vue de la salubrité, les aqueducs des eaux pluviales. Intelligence, sollicitude, dépenses, il mit tout en œuvre pour cette opération inappréciable de tous ceux qui n'ont pas souffert des méphitismes antérieurs. M. Souèges avait ajouté la maison des sœurs, M. Tournié ajouta la maison et le jardin achetés aux Carmélites. Ses travaux demanderaient des volumes.

Mgr de Vesins fixa sa retraite au Petit-Séminaire. Il y a vécu depuis 1861 comme simple pensionnaire, ne refusant pas ses conseils, mais ne s'occupant que de lui-même : « *Alti, profundique silentii super omnes et super omnia.* » Nous le savons chanoine honoraire en 1847, et il aurait été titulaire si ses forces lui avaient permis l'office du chœur. « Votre tour serait venu après M. Tournié, disait dans le plus honorable accueil à M. le Préfet des classes Mgr de Vesins. » Le préfet des classes proclama en communauté cette nomination devenue impossible, mais regrettée. Dans sa retraite, M. Tournié employa sa pension à des achats, à des acquisitions utiles à ce Séminaire dont il est demeuré le passionné zélateur. Ainsi écrivions-nous le 27 juillet 1879, à Penne.

De larges détails trouveront leur place dans la vie de
M. Tailhié, qu'il recueillit dans les derniers jours au Petit-Séminaire. Les qualités de l'ami, du chrétien et du prêtre, chez
M. Tournié, surpassaient de beaucoup les qualités de l'esprit
et de l'intelligence. Il paya son tribut de reconnaissance à
son bienfaiteur, M. Boë, par l'aisance qu'il lui procura et ses
déférences filiales, soit durant son séjour à Naples, soit à
Agen. Un prêtre avait oublié son sacerdoce, M. Tournié,
prêtre, ne l'oubliait pas : à ses derniers moments, il le préparait à la visite de M. Degans et lui ménageait sa réconciliation avec l'Eglise. Un de ses condisciples de l'enfance avait
négligé ses principes religieux, un terrible mécompte d'intérêts pécuniaires avait compromis son cerveau : M. Tournié,
l'ami et le prêtre chrétien, le visitait souvent, calmait peu à
peu cette tête et ce cœur malades, lui faisait accepter la visite d'un ancien ami, son cher professeur chez M. Boë,
M. Tailhié. Ce condisciple rentrait dans la vie chrétienne,
bénissait un dérangement de fortune, devenait un fils fervent de son saint directeur, et mourait après avoir fait des
œuvres éminemment charitables.

Si M. Tournié était plein de sollicitude pour ses amis, il
n'oubliait pas sa famille ; et au milieu des douleurs de toutes
sortes qui vinrent déchirer son cœur, il se montra toujours
bon, indulgent, charitable, et plein d'affection pour les siens.

Dans la vie de M. Tailhié nous dirons ce qu'il fit et ce qu'il
fut pour ce saint et vénérable père. Son préfet des classes,
par son dévoûment et ses fatigues dans le commerce de la
librairie du Séminaire, avait ramassé vingt-deux mille francs.
D'après la parole de M. Tailhié et des autres supérieurs, le
préfet des classes pouvait en faire son profit. Il les donna à
M. Tournié pour le cabinet d'histoire naturelle, la bibliothèque
et autres constructions jugées utiles à la maison. M. Tournié,

voulant reconnaître cet acte de générosité, prit sur ses propres revenus pour lui offrir un dédommagement qu'il lui fit un devoir d'accepter.

Comme nos lignes s'allongeraient sur ce chapitre, passons à d'autres.

Nous allons être le seul survivant de cette maison naissante et prospère ! Quel baume dans l'affection, que le souvenir de tous ces bons prêtres, de ces chers et vénérables amis, amis de ces longues années !

M. Tournié aima les fleurs, culte des âmes pures et candides : il aima les arts, les études du beau, mais il se livrait en silence à tout ce qui nourrissait sa piété.

Il regrettait d'avoir étudié si tard les saintes lettres, malgré ses désirs : parce que sa mémoire ne lui fournissait pas toujours une matière à souhait pour ses méditations privées ou communes, ses compositions pour la chaire ou les conférences : son réservoir était pourtant plein et à son service à toute rencontre ; car quelques jours avant sa mort (mai 1879) il nous corrigeait des attributions historiques erronées, et nous fournissait des renseignements délicats. Sa mémoire comme toutes ses facultés avaient leur jeunesse, la locution seule lui faisait défaut, et pourtant elle s'était prêtée à toutes les exigences toniques du français, du grec, du latin, de l'italien, même en dernier temps de l'espagnol, car il en prit des leçons pour prêcher à des réfugiés de cette langue, et faire l'éducation charitable d'un jeune castillan dont il a assuré l'avenir.

Pour ses prières, ses préparations et ses actions de grâces, il lui fallait des formules et avec quelle piété il les récitait ! Depuis plusieurs années il ne célébrait plus que pour lui et pour les siens, et lorsque sa faiblesse l'empêcha entièrement de monter à l'autel, il faisait la communion à la messe de la communauté, ou la recevait après minuit quand la chose était possible.

Sa foi, sa confiance avaient la candeur et la simplicité de son âme. Menacé d'une opération humiliante par une main étrangère, il fit une neuvaine à saint Joseph et fut soulagé à temps ; les prières vocales ne lui suffisaient pas, il épuisait sa force et ses yeux pendant de longues heures, à son bréviaire ; quelques rares lectures obtenues avec discrétion le nourrissaient.

Aujourd'hui il s'éteint, disant de cœur et de bouche : *Sit nomen Domini benedictum.*

Bienheureux d'avoir pu dire toute sa vie ce qu'il a bien appris à pratiquer dans la solitude et le long isolement de sa retraite : *Quid mihi est in cœlo, et a te quid volui super terram ! Quæ est expectatio mea nonne Dominus !*

Agen, ce 2 août 1879.

CHER MONSIEUR LE DOYEN,

Vous savez probablement à l'heure qu'il est la triste nouvelle que je viens vous annoncer. Le bon, le saint M. Tournié s'est endormi dans le Seigneur hier matin à 10 heures. Je l'avais vu deux fois cette semaine, il s'affaiblissait tous les jours et avait parfaitement conscience de sa fin très prochaine.

Il me dit mercredi : « Je vais mourir loin de mes amis. Combien je voudrais revoir encore M. Delrieu. Je vous prie de lui transmettre mon suprême adieu. Qu'il se souvienne de moi ; qu'il prie pour moi ! »

Comme il achevait ces mots, il fut pris de douleurs très aiguës ; mais il ne laissa pas échapper une plainte, les seuls mots qu'il proféra furent ceux-ci : « *Sit nomen Domini benedictum.* » Il portait constamment à ses lèvres une petite croix pendue à son cou. C'est là qu'il puisait la sainte résignation qu'il n'a cessé de montrer jusqu'à ses derniers moments.

Tout à l'heure le Chapitre va lui rendre les derniers devoirs. Ce sera pour vous un nouveau sujet de peine de ne pouvoir assister aux obsèques de ce fidèle et digne ami.

Dieu nous enlève l'un après l'autre, à nous les jeunes du sanctuaire, nos pères et nos modèles dans le sanctuaire. Nous le prions instamment de vous conserver longtemps, bien longtemps encore à notre affection.

Daignez agréer, cher Monsieur le Doyen, l'hommage de mes sentiments bien respectueusement dévoués en Notre-Seigneur.

P. HÉBRARD, *chan. titul.*

M. Tournié, mort le 1er août, fête de saint Pierre-ès-liens, a été délivré de ses liens corporels par une faveur, nous en avons la confiance, de son saint patron...... Le 2 août 1879, la dépouille mortelle de ce vénérable chanoine recevait les honneurs funèbres dans cette cathédrale où le respectable vieillard avait voulu paraître cinq ans auparavant, le 2 août 1874 malgré ses infirmités, afin de donner ostensiblement le témoignage de son estime et de son affection à son confesseur du Petit-Séminaire, installé ce jour-là par son Évêque, chanoine archiprêtre de Saint-Etienne d'Agen.

Dans ses derniers jours, et jusqu'aux derniers moments, M. Tournié, ce vénéré confrère, a exprimé le regret de mourir loin de ses amis : cet éloignement de leur part était bien involontaire et bien pénible. Puissent ces lignes payer à cette chère mémoire un juste tribut d'hommage et de reconnaissance pour l'édification et l'union cordiale et fraternelle, dont il n'a cessé de nous honorer pendant cinquante ans !

M. Tournié porta jusqu'au dernier moment un vif intérêt à l'établissement des Petites-Sœurs des Pauvres ; ce dévouement, cette abnégation chrétienne le touchaient sensiblement : aussi dans sa dernière sortie dans le monde, lorsqu'il alla porter à ses amis de l'enfance ses derniers vœux et ses derniers adieux, voulut-il ne pas oublier ces charitables héroïnes de la religion. Une circonstance de son pieux pèlerinage a souvent réjoui nos conversations familières. A la hauteur de Rouquet, la cloche de la maison tinta bruyante à nos oreilles : « Les bonnes sœurs nous préparent une réception épiscopale, » dîmes-nous, « on a reconnu la voiture d'Ambroise et la cloche salue son arrivée. » En effet, le portail d'honneur se trouva grand ouvert ; la voiture arrivée au péristyle se trouva entourée des pauvres agenouillés à droite et à gauche, de toutes les sœurs à genoux au pied de la portière, inclinées pour recevoir la bénédiction pontificale..... Les têtes se relevèrent et de grands éclats de rire accueillirent la descente pénible du vénérable vieillard qui leur était bien connu. Les religieuses lui firent avec joie les honneurs de la maison ; et le lendemain elles lui rendirent sa visite, en le traitant de Monseigneur, et tombant à ses genoux pour obtenir sa bénédiction.

Si la publication de cette notice pouvait procurer quelques aumônes à ces bonnes Petites-Sœurs des Pauvres, elle acquitterait pour nous une dette sacrée et gagnerait de nouvelles prières à l'âme de leur bienfaiteur.

J. DELRIEU, *ch. tit.*

Agen, 14 janvier 1880.

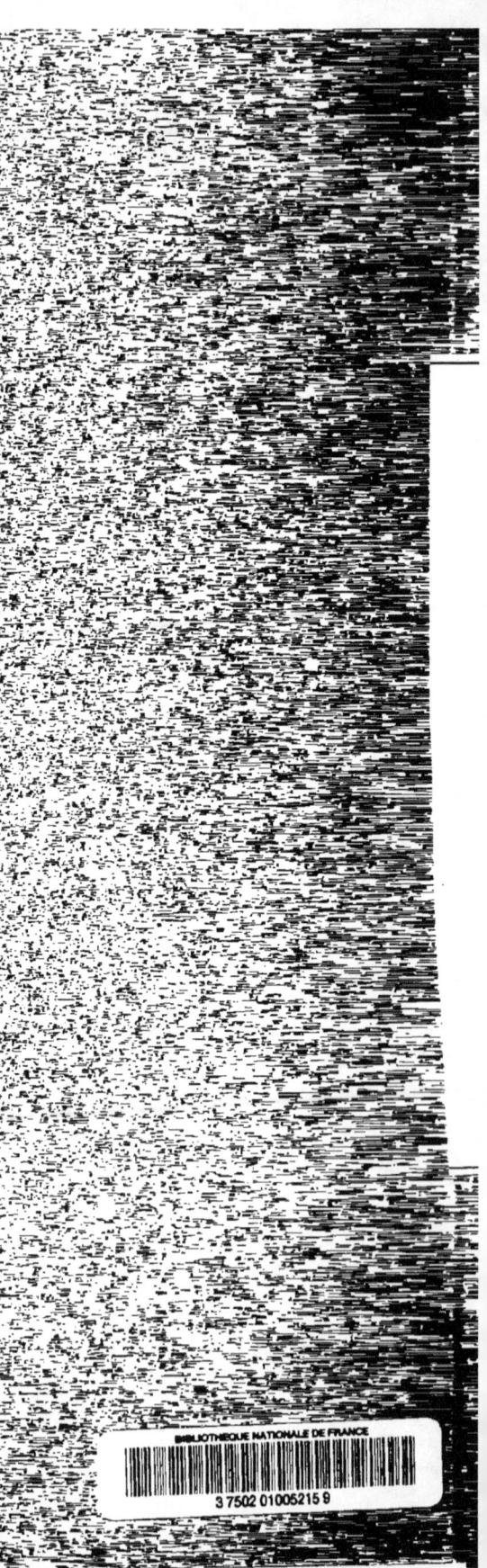

www.ingramcontent.com/pod-product-compliance
Lightning Source LLC
Chambersburg PA
CBHW062007070426
42451CB00014BA/3202